Charles de Rémusat

De l'esprit
de réaction

Royer-Collard et Tocqueville

ISBN : 978-1978462465

10 9 8 7 6 5 4 3 2 1

Charles de Rémusat

De l'esprit de réaction

Royer-Collard et Tocqueville

Table de Matières

Introduction

La réaction touche-t-elle à sa fin, et, pour avoir entendu bruire la tribune et gronder la discussion, l'esprit de liberté commence-t-il à renaître et à soulever, comme un levain puissant, la masse de la nation ? Je voudrais le croire, et certes il est grand temps que la France redevienne elle-même et se reconnaisse pour la France libérale. Si cependant il fallait affirmer quelque chose et énoncer plus qu'une espérance, j'affirmerais peut-être le réveil de l'Europe plutôt que le réveil de la France.

Il faut bien le reconnaître, la crise de 1848 a plus abattu la France que l'Europe. Mainte nation est sortie de cette commune épreuve l'esprit plus animé, le cœur plus fier, éclairée plutôt qu'intimidée par l'expérience, encore pleine d'espoir et d'ambition. Il en paraît quelque chose à l'état du monde. Jamais de notre vie le vent de la révolution générale n'avait soufflé aussi fortement qu'à cette heure sur la société européenne. Jamais l'esprit de réforme et de nouveauté n'avait porté si loin et monté si haut. Jamais, depuis tantôt cinquante ans, le mouvement du siècle n'avait avec plus d'intensité et de succès gagné les peuples et les rois. Le langage s'est adouci, les allures se sont modifiées, l'opinion donne un autre tour à ses griefs et à ses exigences ; mais en menaçant moins elle obtient davantage, elle devient le mobile commun des gouvernements et des sociétés. À quoi se réduit aujourd'hui dans toute l'Europe civilisée le territoire occupé par le pouvoir absolu ? Le tsar lui-même, s'il ne passait au régime constitutionnel, semblait avoir à cœur d'être autre que son père, de changer de système et de langage, et de satisfaire la presse d'Occident. Si les événements de Varsovie sont venus tristement l'interrompre dans son mouvement de conversion et masquer une partie de ses progrès, il n'en demeure pas moins vrai que le règne de Nicolas est passé, et qu'à Pétersbourg au moins autant qu'à Constantinople on cherche à sortir de l'ancien régime. Mais partout ailleurs quelle transformation visible et soudaine ! Qui eût dit que des événements de 1848 sortirait une réforme constitutionnelle partout où florissait l'absolutisme, et qu'à Vienne même on discuterait ? C'est là un spectacle plein d'enseignement et de joie, et qui doit faire oublier bien des misères, relever bien des courages.

Charles de Rémusat

Tocqueville, dès 1854, avait entrevu quelque chose de ce qui est arrivé. « Ce pays-ci, écrivait-il d'Allemagne, me paraît atteint, comme la France, d'une grande langueur politique ; mais la maladie me semble infiniment moins profonde que chez nous et d'une durée probablement moins longue. L'esprit ne s'est pas désintéressé de la plupart des études qui s'élèvent au-dessus de la matière. La pensée est sans cesse en action et se dirige vers d'autres points que le bien-être. Même en politique, l'abattement vient plus de l'espèce de confusion que cause la vue de toutes les sottises qu'on vient de faire pour atteindre la liberté que d'un refroidissement pour elle. On continue à avoir foi dans les institutions libres, à les croire l'objet le plus digne d'inspirer le respect et l'amour. C'est l'absence de cette foi qui est le symptôme le plus effrayant de notre maladie. L'Allemagne est déroutée, embarrassée, ignorante des voies qu'il faut suivre ; mais elle n'est pas brisée et réduite pour ainsi dire au néant comme nous le sommes. » Ce qu'il avait observé de l'Allemagne, d'autres l'avaient observé de l'Italie. Nous en avons plus d'une fois dans ce recueil averti le lecteur, et les événements ne nous ont pas donné tort. Tout annonce que la crise de 1848 n'a pas été stérile ou funeste pour tout le monde, comme nous avions quelque droit de le supposer.

La France sans doute est sortie plus affaiblie, plus humiliée que le reste de l'Europe de cette anarchique transition. Selon moi, elle ne s'en est pas encore tout à fait relevée dans son cœur, et elle persiste encore à douter d'elle-même. Selon moi encore, elle a tort, et les événements qui l'ont intimidée n'auraient dû qu'échauffer son courage. Le contraire se concevrait, si nous en étions restés au 25 février. Le lendemain du jour où la nation s'était vu dérober sous ses pieds le terrain sur lequel elle croyait marcher d'un pas ferme, elle avait lieu de se sentir émue, et l'abattement était de saison. Et cependant il ne fut ni profond ni durable. Le 24 février peut n'être pas le plus réconfortant de nos souvenirs historiques ; mais on n'en saurait dire autant de l'année 1848. C'est l'année peut-être où la France s'est le plus montrée et où elle a le mieux su être quelque chose par elle-même, et cela sans attendre son gouvernement. Ce peuple même de vainqueurs par l'émeute, nourri de fausses doctrines et de mauvais conseils, ne s'est trouvé ni violent ni vindicatif. Un parti s'est aussitôt levé, et dans son propre sein, pour veiller à l'ordre, pour recommencer le règne de la loi. Enfin c'est par sa sagesse et son courage que la France a été sauvée. En huit mois, électeurs, gardes nationaux, soldats, représentants ont avec leurs seules forces constitué, soutenu, défendu un pouvoir réparateur et modéré. Jamais autant que dans cette épreuve la France ne s'est montrée plus digne et plus capable du *self gouverment*. Jamais plus qu'après avoir ainsi connu ses ressources elle n'aurait eu droit de s'enorgueillir, de compter sur elle-même et de se charger à ses risques et périls de ses propres destinées. Elle venait de prouver que le fardeau n'était pas trop fort pour ses épaules. Elle a douté d'elle-même au moment où elle aurait pu s'enthousiasmer de sa sagesse et s'enorgueillir de ses forces. L'exemple n'est pas rare que les hommes se troublent le plus du danger au moment où il s'évanouit, et désespèrent de leur salut lorsqu'ils y touchent.

C'est cette défiance de la nation envers sa raison et son courage, c'est cette incertitude sceptique sur tous les principes naguère acceptés pour articles de foi politique, c'est ce retour inquiet et brusque vers les maximes surannées de l'autorité telle qu'elle se concevait en 1700 ou en 1800 que l'on a appelé réaction, ou plutôt c'est là l'esprit réactionnaire qui a ramené et des doctrines et des pratiques que je ne me croyais pas réservé à jamais voir renaître.

Cependant, mieux que nos arguments, les faits ont commencé, sinon à convertir, du moins à modifier l'esprit de réaction. Que disait-il en effet, que cherchait-il à tout prix du temps qu'il s'est cru le maître, et qu'il raillait si dédaigneusement toutes les réclamations, toutes les aspirations de l'esprit libéral ? Par la voix de tous ces gens pacifiques qui voudraient imposer leur quiétisme à l'humanité entière, il accusait l'esprit révolutionnaire de pousser à la guerre un temps qui ne voulait que la paix, et dénonçait comme un anachronisme insensé l'idée d'un retour des nations aux jeux de la force et du hasard. Or qu'est-il arrivé ? Je raconte sans blâmer. En dix ans, nous avons vu deux grandes guerres. Les expéditions militaires se sont multipliées et se terminent à peine, et une vague inquiétude s'obstine à entendre des bruits d'armes dans les nuages orageux qui passent sur l'Europe. Vous rappelez-vous le temps où l'esprit de réaction faisait du principe de l'autorité l'allié nécessaire de la religion et soutenait au nom de l'église la thèse du pouvoir non disputé ? Or tout le monde sait qu'il s'est élevé pour l'église une question qu'elle met au rang des plus grandes, et qui pendant trente ans de liberté d'écrire ne s'était pas émue. Elle se déclare plus menacée que par la presse de 1830. Chercherons-nous l'esprit de réaction sous le toit des usines, dans les comptoirs du commerce ? Au nom des intérêts matériels, promus de nos jours au premier rang des éléments sociaux, il ne désirait, ne conseillait, n'augurait qu'un *statu quo* éternel, la perpétuité de tous les privilèges et de tous les systèmes établis. Or jamais les bases du commerce universel n'ont été plus profondément agitées soit par les événements politiques, soit par les variations de la législation. Enfin que nous annonçait l'esprit de réaction par la bouche des sages, par l'organe de ces observateurs fatalistes qui se croient dans le secret des choses humaines ? « En vain, disaient-ils, l'orgueil et l'ambition d'un siècle enivré de lui-même voudraient résister ; en vain tous les esprits turbulents se coaliseraient pour perpétuer le mouvement quand la société tend au repos. La nécessité parle : un instinct plus puissant que de vaines théories, une sagesse nécessaire, la force des choses enfin, ramènent les gouvernements et les peuples vers les principes et les intérêts conservateurs. Dans toute l'Europe, le spectacle ou la menace de l'anarchie a produit son effet ordinaire, immanquable. Tout retourne à l'ordre, à la stabilité. Le pouvoir est devenu le premier intérêt social, et, désabusée des nouveautés perturbatrices, l'Europe est replacée par une impulsion irrésistible dans les cadres sacrés de l'ancienne politique. » Qui ne croit les entendre encore, ces oracles d'une sagesse immobile ? Et pourtant il suffit d'un coup d'œil jeté sur l'Europe pour la voir agitée tout entière d'un besoin de renouvellement qui a remonté de la société au gouvernement, et converti presque en tout lieu le pouvoir même à la doctrine de ce qu'on appelle à tort ou à raison le progrès. Les dix ans qui viennent de s'écouler ont manifesté par des signes plus éclatants et plus inattendus qu'aucune période décennale de ces quatre-vingts dernières années l'action novatrice du génie du siècle. À prendre les choses en masse, l'esprit de réaction a reçu plus de démentis, éprouvé plus de mécomptes que l'esprit libéral. Après tout, nous n'avons été vaincus que parce que nous avons voulu l'être. L'esprit libéral a souffert pour avoir abandonné ses principes ; l'esprit de réaction pâtit pour s'être obstiné dans les siens.

Le temps semble donc venu pour l'un de reprendre courage et pour l'autre de céder, et quoique nous soyons loin d'espérer une prompte et complète victoire, ceux qui avaient compté sur la domination des idées contre-révolutionnaires, ceux qui, en changeant seulement la couleur de leur drapeau, espéraient remettre l'Europe ainsi que la France à un système de restauration moins la légitimité, à un régime de 1815 moins la sainte-alliance, s'aperçoivent de la vanité de l'entreprise et entrevoient peut-être que le pouvoir le plus tendu, le plus armé, n'est pas une garantie durable contre l'esprit du temps et le mouvement des sociétés. Or, en vérité, à quoi servirait l'absolutisme s'il n'était conservateur, et pourquoi se mettre en frais d'arbitraire et de restriction constitutionnelle, si l'on n'y gagnait pas la stabilité et la sécurité absolues ? Pourquoi prendre des narcotiques, s'ils ne font pas dormir ?

L'opinion publique, sans être encore prête à exiger tout ce qu'elle ne tardera point à réclamer, pressent un autre avenir et d'autres épreuves qu'elle n'attendait lorsqu'il y a dix ans elle changeait si subitement de direction. Ceux qui ont quelque prévoyance doivent comprendre que d'un jour à l'autre la société peut avoir des efforts à faire, et tout les presse de reporter leur plus sérieuse attention sur les problèmes politiques que les générations nouvelles auront à résoudre.

L'examen en est difficile et quelquefois accablant, à ce point que l'esprit s'en détourne et cherche à se reposer dans l'insouciance et l'oubli. Le despotisme n'a pas de plus puissant auxiliaire que cette secrète lâcheté du cœur humain, toujours si prompt à renoncer en toutes choses à se gouverner lui-même. à la suite des troubles civils, on se prend du désir de n'entendre plus parler de rien, d'avoir dans le gouvernement une machine qui marche toute seule, et de s'endormir *au branle de sa roue*. Non-seulement le souci des intérêts, mais la lassitude de l'intelligence nous portent à prendre le. temps comme il vient, l'état comme il est, et à nous dispenser d'avoir aucun avis. C'est contre cette mollesse indolente de l'esprit et du caractère que la presse doit incessamment lutter. À ceux qui en sont encore atteints, il faut opposer l'exemple des hommes qui ont laissé, soit par l'action, soit par la pensée, une trace profonde dans la mémoire des contemporains. Et comme l'heure de l'action n'a pas sonné, c'est la pensée qu'il faut stimuler en lui représentant sans cesse la question fondamentale du temps où nous sommes.

Charles de Rémusat

Dans son expression la plus générale, c'est non pas seulement la question de l'ordre et de la liberté, de la conservation et de la révolution, c'est la question de l'avenir de la démocratie.

Ce n'est pas d'hier que cette imposante question a préoccupé les esprits supérieurs, deux surtout parmi les observateurs qui ne sont plus au milieu de nous, et dont les réflexions viennent d'être mises de la manière la plus intéressante sous les yeux du public, Royer- Collard et Tocqueville. L'un et l'autre, avec de grandes différences, se ressemblaient sous plus d'un rapport. Tous deux sont des autorités ; tous deux, en se mêlant aux événements et aux affaires, ont conservé le goût de l'observation et de la méditation. Ils ont réfléchi sur ce qu'ils ont fait, et sont restés des juges même en devenant des acteurs. Nous trouverons, en les comparant l'un à l'autre, une occasion naturelle d'indiquer la marche des faits et des idées entre le temps du premier et le temps du second, d'exhorter ceux qui ont l'âge et la force à leur donner des successeurs, à ne pas laisser le mouvement social auquel nous assistons manquer de spectateur et de juge. Chaque jour on voit disparaître ceux pour qui la révolution française, dans ses phases successives, a été un sujet inépuisable de méditation. La jeunesse y pense-t-elle et se met-elle en devoir de les remplacer ? Il faut l'espérer, mais rien ne saurait mieux l'encourager et la guider dans une tâche qui désormais la regarde seule que l'exemple des deux hommes éminents dont nous venons d'écrire les noms.

Section I

L'ouvrage que M. de Barante vient de consacrer à la mémoire de Royer-Collard atteint pleinement le but que l'auteur s'est proposé. Il fait connaître avec une exactitude parfaite la vie politique et surtout la vie parlementaire de l'homme illustre dont le nom a toujours été plus connu que la personne, et qui a laissé à ses contemporains un souvenir ineffaçable. La vivacité et je dirai même la grandeur de ce souvenir étonnent peut-être les jeunes gens. Ils croient le monde changé, et, supposant aisément que leurs devanciers ne les auraient pas compris, ils se dispensent de les comprendre. Cependant il y a dans tout ce qui est resté de Royer-Collard une originalité si saisissante que c'est apprendre déjà beaucoup qu'apprendre seulement à le connaître, et ceux qui le liront avec une intelligente attention s'étonneront moins de ce que nous pensons de lui. En liant quelques-uns de ses rares écrits et tous ses discours au récit critique des événements qui les ont provoqués, M. de Barante a donné à ses deux volumes l'intérêt d'une biographie individuelle et celui d'une histoire politique. On peut, grâce à lui, entendre un passé qu'on ignore, et, suivant son usage, il a porté dans l'appréciation des choses et des personnes cette clairvoyance et cette liberté qui sont le grand mérite de ses écrits. Nul ne représente plus fidèlement ce qu'il a vu, nul ne laisse moins modifier ses jugements sur le passé par les préoccupations du présent, grande source d'erreur quand on écrit l'histoire contemporaine. L'expérience, en nous montrant les conséquences imprévues et les changements singuliers que les années amènent, réagit sur notre manière de juger et même de concevoir les opinions et les actes des époques antérieures. Non-seulement nous cherchons à n'avoir pas eu tort dans le passé, mais nous croyons naturellement qu'il en est ainsi, et conduits par une pente insensible à comprendre différemment les mêmes choses, à nous former de nouvelles idées, nous imaginons de bonne foi que nous avons su toujours ce que nous avons tardivement appris ; il nous coûte de rentrer dans les illusions que nous n'avons plus. M. de Barante, dont la raison calme et pénétrante résiste à tous les entraînements, est un des écrivains de notre temps qui sont restés le plus fidèles aux idées avec lesquelles ils ont commencé, et les faits, en se développant, en se démentant les uns les autres, ont porté peu de trouble dans les jugements d'un esprit toujours en garde contre la déclamation et le paradoxe. C'est un historien de sang-froid, dont la sévérité n'a pas de colère, dont la bienveillance n'a pas d'engouement, dont l'admiration n'a pas d'enthousiasme, dont la morale est sans pédantisme. Avec une admirable flexibilité d'esprit, il sait se replacer dans ses anciens points de vue et retrouver la nuance juste et la mesure précise de ce qu'il a pensé à l'aspect des événements. C'est ce qui donne à ses jugements une originalité plus réelle qu'apparente, et à ses récits comme à ses portraits une exactitude persuasive. Quiconque dans l'avenir voudra écrire l'histoire de la société française depuis 1789 devra tenir grand compte de son témoignage et s'assurer d'y trouver toujours toute la

Charles de Rémusat

vérité qu'il a vue. C'est dans sa perfection l'esprit vrai qu'admirait tant La Rochefoucauld.

En recueillant les discours de Royer-Collard et en les confrontant avec les événements qui les ont suggérés, M. de Barante a restitué authentiquement le rôle historique de l'homme éminent qu'il a voulu peindre, et il a porté une vive lumière sur son caractère et sa nature. Cependant il a laissé de côté quelques traits que devra recueillir l'auteur d'une biographie proprement dite, et surtout celui qui, écrivant des mémoires, voudra représenter, avec une vérité que j'appellerai dramatique, un des hommes les plus singuliers et les plus remarquables de son temps.

Il faudrait commencer par une peinture détaillée de cette commune, ou plutôt de cette communauté de Sompuis, où Pierre-Paul Royer-Collard était né (1763). On trouverait l'histoire de cette petite église dans la vie du père Collard, en tête de ses deux volumes de *Lettres spirituelles*, et peut-être sur les lieux mêmes quelques familles ont-elles conservé la tradition de ce christianisme réfléchi, sévère, indépendant, qui au fond a toujours paru à Royer-Collard le vrai christianisme. J'ai lu des lettres écrites par des paysannes de Sompuis ; on dirait les lettres retrouvées de quelques sœurs converses de Port-Royal. On voit dans la *Vie du père Collard* qu'*un jeune homme nommé Royer* vint s'établir à Sompuis. Ce pouvait être le père ou plutôt un aïeul du nôtre. Sa mère, Angélique Collard, était une femme supérieure ; il le trouvait du moins et disait qu'il n'avait point connu de femme qui eût autant d'esprit. Sa dignité simple imposait à tous, et quand son fils faisait de si grands éloges du respect, il exaltait évidemment le sentiment que sa mère la première, et certainement plus que personne au monde, lui avait appris à connaître. C'est donc dans la vie de famille, dans la vie des champs et sous la discipline d'une piété volontairement austère que le jeune janséniste fut élevé.

Il entra à douze ans au collège de Troyes. Cette ville aussi avait reçu une forte empreinte de l'administration d'un évêque janséniste, un Fitz-James, je crois. Ce nom surprend à trouver dans ces rangs-là ; mais il n'y a pas longtemps encore que les traces d'une puissante influence religieuse, très différente de celle qui prévaut aujourd'hui, se remarquaient dans la société de Troyes. Du collège de cette ville, notre écolier passa à celui de Chaumont, où il fit sa rhétorique avec le futur ministre de la marine, Decrès. Leurs deux noms se lisent encore sur une plaque de bronze dans la salle principale du collège (1779). Puis le père Collard le doctrinaire prit son neveu avec lui à Saint-Omer, où il dirigeait le collège de son ordre. Là le futur philosophe étudia seul les mathématiques ; il poussa cette étude assez loin et croyait s'être avancé dans la science autant qu'on pouvait le faire à cette époque. Il en donna même des leçons dans le collège dirigé par son oncle, et peut-être aussi dans le collège de Moulins, où il exerça quelque temps les fonctions de l'enseignement. Ainsi celui qui devait être le disciple de Reid a commencé comme son maître, qui débuta par les mathématiques et les aima toujours. C'est en effet la meilleure introduction à l'étude de la philosophie. Plus tard, à la commune de Paris, Condorcet remarqua ce membre du conseil qui comprenait tant de choses. Il le recherchait, venait s'asseoir auprès de lui et disait à ses amis : « Figurez-vous que j'ai trouvé là un jeune homme qui sait la géométrie ! » Royer-Collard, qui devait succéder à Laplace, n'était pas étranger à ses ouvrages. Il a même hardiment engagé une controverse avec lui dans ses leçons de philosophie.

Dans le cours de ses études, il avait eu un moment pour maître Manuel, qui fut procureur-général de la commune. Dans une lettre que ce dernier lui écrivit en 1791, on lisait ces mots : « L'élève a de beaucoup dépassé le maître. » Qu'aurait-il dit vingt ans plus tard ? Ce ne fut pourtant ni la science mathématique, ni l'enseignement en général, qui détermina la carrière que devait parcourir Royer-Collard. Il vint à Paris et ne fît qu'y traverser la maison des pères de la doctrine chrétienne : la vie du siècle l'appelait, et il se plaça, pour apprendre le droit et les affaires, chez un de ses parents, Royer de Vaugency, procureur au parlement. Il fut reçu avocat et plaida de 1787 à 1789. Recommandé à Gerbier, qui avait été élève de son oncle Collard au séminaire de Troyes, il ne le connut pas longtemps, six mois seulement ; mais il l'entendit, ainsi que l'avocat-général Séguier, qu'il voyait chez lui et dont Portalis a composé l'éloge. Il estimait beaucoup dans l'un et l'autre l'art de la parole, mais surtout dans Gerbier, qu'il regardait comme fort supérieur pour le talent et surtout pour le caractère. Il disait que l'homme en qui il avait le plus reconnu l'éloquence, la pure éloquence, l'art de bien dire, c'était Gerbier. Le spectacle des audiences du parlement, le spectacle de la grand'chambre lui avait laissé un profond souvenir. Cette grande compagnie judiciaire avait gardé quelque chose des anciennes mœurs. La gravité des formes, la dignité extérieure des habitudes conservées dans une magistrature indépendante et gallicane, devaient produire Une vive impression sur un avocat préparé par l'éducation que nous avons décrite. Il aimait à se rappeler avec quelle ardeur il avait pris part à toutes ces manifestations de palais où le jeune barreau et la jeune basoche soutenaient de leurs clameurs les résistances éclatantes par lesquelles le parlement força la cour à la convocation des états-généraux.

On se tromperait en effet si, parce qu'il avait été nourri dans une école de gravité et d'austérité, on se figurait un être froid et impassible, toujours contenu dans les limites de la réserve et de la prudence. À quatre-vingts ans, il aimait à nous dire : « J'ai toujours été une mauvaise tête. » Le vrai, c'est qu'il réunissait une sévérité de principes, une dignité naturelle et acquise, une volonté forte, qui le préservaient facilement des faiblesses vulgaires ; mais il était ardent et ferme, il n'éprouvait rien faiblement. Les premières impressions étaient chez lui très vives ; il n'en revenait pas aisément. Peu porté à se défier de lui-même, il ne travaillait pas à maîtriser, à supprimer ce qu'il sentait ; il s'y livrait au contraire avec quelque impétuosité. Sa raison n'était pas entièrement soustraite à son imagination. C'était un sage passionné. Sa constitution robuste semblait ajouter à l'énergie de ses passions en même temps qu'à celle de son âme. Je n'ai pas connu d'homme au même degré mobile et inébranlable. On conçoit qu'une telle nature avait dû ressentir tous les feux de la jeunesse. Les sollicitations de la mollesse ou du désœuvrement n'auraient pas eu de prise sur lui ; mais les sentiments qui entraient dans son âme lui semblaient une force de plus, et les affections vives, en subjuguant la volonté, ont l'air de doubler sa puissance. Enfin, je l'ai dit, Royer-Collard n'éprouvait rien faiblement, et sa jeunesse lui avait laissé des souvenirs dont il ne se défendait pas. Je me permets ces allusions parce qu'il aimait à les faire.

Il vécut donc, entre vingt et trente ans, dans la meilleure bourgeoisie de Paris, dans cette classe excellente de l'ancienne société qui a donné à la France ce qu'on a nommé les électeurs de 89. Là avaient pénétré les lumières nouvelles, les opinions du siècle, sans toutefois effacer, comme dans un monde plus brillant, les sentiments sérieux, les notions du bon sens, le goût de la sagesse et de l'ordre. On ne peut dire que les mœurs de l'ancien régime y fussent inconnues. Une certaine liberté, qui franchissait souvent les scrupules sans arriver jusqu'au scandale, avait gagné même alors les conditions médiocres, en supposant, chose douteuse, qu'il n'en eût pas été toujours ainsi, et que notre littérature bourgeoise, assez constamment narquoise et gaillarde, ne soit pas l'expression fidèle des mœurs permanentes de nos cités. Dans cette société, assez différente du cénacle de Sompuis, Royer-Collard apprit à connaître la France, celle des affaires, celle des opinions, la France vivante et active, la France du présent et de l'avenir. Il s'initia à ce monde de l'ancien régime, qui lui plut sans le gagner, dont il aima toujours les souvenirs en le jugeant sans pitié, et sur le tombeau duquel il aima toute sa vie à écrire de brillantes épitaphes après s'être assuré cependant qu'il était bien mort.

L'indépendance contenue, la lutte soumise à des formes, l'effort de tous en faveur des idées de justice et de raison contre la résistance des préjugés et des abus, le mouvement hardi et combattu enfin des années qui avaient précédé la révolution, eurent pour lui un vif attrait, comme pour tous les contemporains ; il se complut toujours à en parler : non qu'il fût de ces novateurs qui se lassèrent de bonne heure, et qui voulurent tout ce qui devait amener 89, moins 89 lui-même. « Vous n'avez pas vu ce que j'ai vu, nous disait-il ; on ne reverra pas ce que j'ai vu : le 14 juillet ! c'est-à-dire un peuple unanime. Unanime, entendez-vous bien ? unanime ! »

C'est ce temps où, logeant à l'île Saint-Louis, il avait acquis une certaine influence dans son quartier. Un jour, à sa section, qui se réunissait dans l'église Saint-Louis, il fit un discours très remarqué, et séance tenante il fut élu président de la section et membre de la commune. le 17 juillet, soixante-douze heures après la prise de la Bastille, il était installé à l'Hôtel-de-Ville, et il fut nommé bientôt un des secrétaires du conseil de la commune ; « car savez-vous bien, disait-il encore, que j'ai été le prédécesseur de Tallien ? » Ses fonctions le mirent en relation fréquente avec Bailly et même avec Lafayette. Il se lia intimement avec le maire ; il vécut beaucoup dans son intérieur : il dînait chez lui tous les dimanches. Jamais il ne parla de Bailly avec indifférence. En 1827, dans son discours de réception à l'Académie française, où il succédait à Laplace, et citant les savants illustres qui avaient été de grands écrivains, il nomma Buffon, puis Bailly, et il ajouta : « Quel nom douloureux je prononce ! » Plus tard il disait : « Les larmes me sont venues aux yeux quand j'ai nommé M. Bailly. Je sais bien qu'il n'est pas un grand écrivain, mais j'ai été heureux de pouvoir, après trente-cinq ans, rendre cet hommage à sa mémoire. Ce nom me rappelle toutes les plus grandes et les meilleures émotions de ma vie. » Les personnes qui l'ont approché savent avec quelle insistance les souvenirs des premiers temps de la révolution obsédaient sa pensée, avec quel entraînement il était sans cesse ramené à ces scènes d'impérissable mémoire, où le bien et le mal se sont livré des combats de géant, et qui ont révélé à l'humanité sur elle-même des choses qu'elle ne savait pas.

Le 10 août porta aux fonctions de secrétaires de la commune Billaud-Varennes et Tallien. Leur prédécesseur quitta l'Hôtel-de-Ville, mais ne déserta pas la lutte. Rentré dans sa section, dite alors de la Fraternité, il ne cessa pas d'y combattre ouvertement les jacobins avec énergie, avec succès. Il avait quelques-unes des qualités qui rendent populaire : la vivacité, la force et le courage. Les porteurs d'eau de l'île Saint-Louis l'avaient adopté, ils l'entouraient, le portaient sur leurs bras, le reconduisaient jusqu'à sa maison. C'est dans ce temps qu'il alla trouver au ministère de la justice Danton, son compatriote, qui l'avait connu jeune et lui témoignait de la bienveillance. Il s'agissait de sauver un détenu. Le 2 septembre était dans l'air et comme sous-entendu dans leur entretien. Danton fit ce qu'il demandait, puis lui offrit sa protection. « Venez avec nous, dit-il, il faut hurler avec les loups. — Cela n'est permis qu'aux loups. — Mais vous serez dévoré. — Eh bien ! je serai dévoré. — Mais vous parlez comme un enfant… C'est égal, en cas d'alarme venez à moi ; je ferai pour vous ce que je pourrai. »

Sous Pétion, Royer-Collard était fayettiste. Après le 2 septembre, il fallait fuir ou se faire girondin. Jusqu'au 31 mai, il lutta pour la Gironde et employa pour la soutenir toute la popularité qu'il avait dans son quartier. C'est ainsi qu'il réussit à mener, quelques jours avant la crise, à la barre de la convention les députations de vingt et une sections qui offraient à l'assemblée de la soutenir contre la montagne. Son discours est au *Moniteur*. On l'y reconnaît à son langage. À quelle époque n'aurait-il pas écrit cette phrase : « Nous ne connaissons dans la convention que la convention elle-même ? »

Le soir du 31 mai, la section de la Fraternité venait dire à la commune qu'elle adhérait à ce qui s'était passé, et se plaindre d'avoir été jusque-là dominée par des aristocrates. Après un pareil coup, il ne restait plus qu'à disparaître ou à mourir. Et quel temps affreux, où mourir même était inutile et ne servait qu'à faciliter, qu'à enhardir la tyrannie ! Royer-Collard se retira à Sompuis chez sa mère, devenue veuve. Un jacobin du nom de Hery, son camarade d'études, et qui dominait le pays, consentit à le laisser libre et tranquille. « Mais je ne porterai pas le bonnet rouge ! — Alors il faut te cacher. » Il se cacha dans sa propre maison, dans une chambre mise sous les scellés. Hery feignait de l'ignorer. Quand il venait à Sompuis, il allait voir Mme Royer-Collard ; il ne la tutoyait pas, se découvrait devant elle et écrivait à Paris que le fils n'était certainement pas dans le district.

Après le 9 thermidor, le propriétaire de Sompuis s'occupa de ses champs. Il se mêlait aux travaux de l'agriculture, et mena, dit-on, la charrue. C'était encore un temps de sa vie, un temps obscur et tranquille, qu'il n'oubliait pas. Il avait, dans l'intérêt de sa commune, publié une protestation et une brochure contre l'abus des réquisitions. Dans cet écrit, que M. de Barante a réimprimé, il emploie avec développement toutes les ressources d'une dialectique subtile et serrée pour démontrer l'iniquité de la mesure en soi. Une distinction fondamentale, à laquelle on ne reviendra jamais assez, celle qui sépare l'esprit libéral de l'esprit révolutionnaire, est là exposée comme dans ses plus mémorables discours. Aux élections de l'an VI, un électeur, remarquant son nom au titre de cette brochure, dit en langage rustique : « Comment ! il y a encore de cette graine-là ! Il faut la mettre en pot. » Et l'auteur de la brochure fut élu député au conseil des cinq-cents.

À cette assemblée, il arriva sans autre parti-pris que de résister aux procédés et aux hommes révolutionnaires. Tout le monde l'a entendu établir qu'il y avait très peu de royalistes aux cinq-cents. Il les nommait. À Clichy, le royalisme, selon lui, ne dominait pas, ne se montrait pas. On n'y nourrissait, on n'y avouait que l'intention d'armer des libertés constitutionnelles la résistance des bons citoyens à la prépondérance tyrannique de l'esprit de la convention. On ne voulait que refréner les jacobins dans le pouvoir jusqu'à ce qu'on pût les en chasser. Que dans cette entreprise si légitime on dût porter toujours équité, discernement, modération, prévoyance, c'est plus douteux : l'esprit réactionnaire est sujet à s'emporter, et la justice est rare, même parmi les honnêtes gens ; mais les proscrits de fructidor n'eurent que le temps d'être opprimés, et le droit fut violé en eux sans prétexte comme sans pudeur. Aucune iniquité de la révolution n'avait laissé à Royer-Collard un plus profond ressentiment. Il n'en pouvait parler de sang-froid. En cela, il se montrait véritablement ami de la liberté politique. On ne l'est pas par cela seulement qu'on se montre indigné d'un acte de cruauté ou de spoliation commis par le pouvoir : un peu d'honnêteté suffit en ce cas pour sentir comme on le doit ; mais l'attentat à la représentation nationale, la violation de la liberté de penser et de parler dans celui qui a reçu de son pays mandat pour penser et parler en son nom, voilà le crime politique irrémissible, et c'est en proportion de l'indignation qu'on en ressent que l'on se montre bon citoyen. Royer-Collard n'a pardonné à personne le 18 fructidor.

C'est en parlant de ce jour de tyrannie qu'il a dit : « Ne persécutez jamais un honnête homme pour une opinion qu'il n'a pas ; vous la lui donnerez. » Il disait cela en pensant au royalisme. Il n'était pas royaliste ; proscrit comme tel, il se sentit plus près de le devenir. Il y en avait encore d'autres raisons. D'abord il paraissait à jamais impossible de renouer avec le parti de la révolution. On ne voyait même plus clairement le moyen de démêler dans ses doctrines le bien du mal, et de le forcer à abjurer ses actes en consacrant ses principes. Le découragement de la raison, la renonciation à toute tentative de séparer courageusement le droit et le fait, l'usage et l'abus, les idées et les hommes, est le premier pas fait vers la contre-révolution. Une oppression commune avait achevé de lier Royer-Collard avec des hommes moins difficiles et plus absolus que lui dans leur opposition à tout ce que la révolution avait enseigné ou tenté, notamment avec Quatremère de Quincy, homme d'un esprit supérieur et emporté qui exerça sur le sien un certain empire. Il le reconnaissait pour un de ceux qui avaient été je dirais ses maîtres, si je parlais d'un autre. Il disait que trois hommes lui avaient donné des idées et paru plus que d'autres avoir un esprit vraiment original ; c'était Quatremère, M. de Serre… « Quant au troisième, ajoutait-il, c'est un drôle et bien pis encore ; il n'a rien fait de son esprit, mais il en avait infiniment. » Et baissant la voix, comme s'il en eût rougi, il le nommait. Et nous ne le nommerons pas, quoiqu'il soit mort. Le lecteur pourra remplir ce blanc comme il voudra.

Quatremère était plus franchement royaliste ; mais avec le mélange d'opinions, de goûts, de mœurs et d'habitudes que la jeunesse avait laissé à Royer-Collard, l'expérience des erreurs et des mécomptes de l'esprit de 1789, même dans ses tendances les plus pures et les plus élevées, devait pousser un juge scrupuleux et exigeant à un scepticisme raisonné sur certaines conceptions et certaines tentatives de l'esprit humain appliqué à la politique. En même temps un ressentiment juste et passionné contre le mal et ses auteurs pouvait l'entraîner au besoin de venger par leur humiliation la justice et l'humanité qu'ils avaient outragées. Avec ces deux dispositions, un esprit ferme, oisif et mécontent était en voie d'arriver au royalisme, et à quelque chose de plus, la contre-révolution. Le royalisme était en soi une opinion fort légitime, plausible même, qui pouvait avoir le défaut tout au plus de n'être pas le moyen le plus prudent et le plus praticable de rétablir l'ordre dans les circonstances données. L'esprit contre-révolutionnaire était une erreur moins innocente et qui, pour gagner un esprit sain, avait besoin d'être recommandée par l'intérêt ou suggérée par la passion. Cette erreur ou cette tendance, très commune à la fin du dernier siècle et au commencement de celui-ci, a donné des lettres de crédit à toute espèce de despotisme.

Royer-Collard fut royaliste avec beaucoup de sagesse et beaucoup de décision. Dès qu'il eut conçu la restauration comme démenti donné à la révolution, comme frein donné à l'anarchie, il pensa qu'ayant cette opinion, il devait se compromettre pour elle, et il entra dans les affaires de la maison de Bourbon. Ce fut, comme on le sait, à la double condition qu'il resterait inconnu au comte d'Artois et à l'étranger. Cette exception atteste un discernement alors rare chez quiconque s'avouait royaliste. C'était concevoir la restauration sans l'esprit de l'émigration et sans le concours de la coalition. Ce pouvait être une abstraction difficile à réaliser, un éclectisme tant soit peu chimérique ; mais ainsi l'espérance de la restauration n'était pas une spéculation sur la ruine de la France. Cette seule précaution suffit pour justifier Royer-Collard de toute connivence avec la politique purement contre-révolutionnaire. Je n'oserais pourtant pas l'absoudre de tout contact avec l'esprit de la contre-révolution. Il était fort difficile de s'en préserver après la convention ou vers la fin du directoire, lorsqu'on éprouvait le généreux désir de mettre un terme au désordre et à l'oppression. Une solidarité publique, apparente, enchaînait alors jusque dans les termes les mauvais souvenirs et les mauvaises doctrines de la république conventionnelle ou directoriale à certains principes proclamés soit par la révolution de 1789, soit même par la philosophie du XVIIIe siècle ; aussi ne pouvait-on aisément s'empêcher de réagir contre tout à la fois, et des hommes que la contre-révolution réalisée aurait offensés et consternés se laissaient aller à des vœux et à des conseils qui pouvaient y conduire. On posait par réaction des principes dont la conséquence eût été l'abandon de ce qu'on avait pensé depuis cinquante ans. On exprimait des regrets qui n'auraient pu logiquement être calmés que par un bouleversement rétroactif de l'ordre social. On a pu voir en 1848 et jusque dans ces derniers temps des traces du même entraînement réactionnaire ; mais en 1798, en 1800, c'était une erreur ou une confusion d'idées plus naturelle et plus excusable. Un certain besoin de brûler ce qu'on avait adoré s'emparait de Sicambres médiocrement fiers, mais très avides d'humilier leurs ennemis. On voulait à tout prix faire pièce à ceux qui avaient lassé jusqu'à la patience des lâches par leur orgueil, leurs mensonges et leurs excès. La révolution s'était montrée si terriblement puissante qu'on ne redoutait plus qu'elle ; on ne songeait qu'à empêcher le retour de ses violences, et quant à celui des abus qu'elle avait abolis, des maux qu'elle avait supprimés, on ne le regardait ni comme menaçant ni comme possible. Dans la pratique, les mœurs et les besoins que le dernier siècle avait produits subsistaient ; les allures de l'esprit et les habitudes de la vie étaient absolument incompatibles avec l'ancien régime : on ne le craignait donc plus, et on risquait de lui rouvrir la porte, le croyant évanoui pour jamais. Il y a eu quelque chose de cette illusion dans le royalisme très réel de la France en 1814. On en pourrait citer plus d'un exemple, et je n'en connais pas de plus frappant témoignage que celui d'un ouvrage d'esprit qui a toujours joui d'une grande influence et d'une juste renommée : je veux parler du *Journal des Débats*. Sans doute, en passant par deux ou trois générations, il a suivi le progrès des temps, il a marché avec l'opinion et l'intérêt de la France ; mais il ne faut pas croire que, dans les diverses nuances d'idées qui ont signalé sa longue existence, il ait changé du tout au tout. Il y a plus de soixante ans comme aujourd'hui, il était inspiré par des hommes qui n'aimaient point l'absolutisme en soi, qui n'auraient pas supporté la domination du privilège, l'intolérance religieuse, la toute-puissance d'une cour ou d'une oligarchie ; mais ces mêmes hommes soutenaient alors des thèses et conseillaient des mesures qui pouvaient aboutir à toutes ces choses, tant une faction détestable leur avait rendu odieuse la cause même qui, sans elle, aurait été leur cause. L'esprit de parti entraîne les hommes les plus raisonnables à ces contre-sens, et, que la révolution le sache bien, elle a souvent si mal fait ses affaires qu'elle s'est donné ses amis naturels pour mortels ennemis. Aussi follement exigeante qu'un despote de l'Asie, elle voudrait qu'on l'aimât pour elle-même, quoi qu'elle fît, et, après avoir ruiné et désolé les gens, elle se plaint de n'en être pas adorée ; elle les punit de se souvenir du mal qu'elle leur a fait.

Je ne voudrais donc pas dire qu'elle n'eût pas poussé à bout jusqu'à la forte raison de Royer-Collard, et que, dominé par des sentiments très légitimes d'indignation et de mépris, il n'ait pas laissé dériver son esprit à quelques-uns de ces arrêts absolus qui confondent les innocents et les coupables dans une même proscription contre les principes ; je crains que, dans sa vie solitaire de Passy, dans ses épanchements d'amertume avec Quatremère, il n'eût laissé s'irriter sa raison outre mesuré, et il me semble en trouver une preuve dans un article assez médiocre que M. de Barante à réimprimé, et qui avait, dit-on, paru précisément dans le *Journal des Débats*. Ce n'est pas même son style, et l'on croirait lire l'abbé de Feletz ; mais enfin, si l'article est de lui, il est un témoignage assez curieux de l'état des esprits et même des grands esprits entre la bataille de Marengo et la bataille de Wagram.

Heureusement c'est vers le même temps qu'il arriva à ce même esprit un vrai bonheur, la meilleure des bonnes fortunes. C'était naturellement un esprit philosophique ; il ne lui manquait que la philosophie. Elle lui vint par un hasard analogue à celui qui fit connaître Descartes au père Malebranche. Il trouva sur les quais un ouvrage de Reid. Sans doute il n'était pas jusque-là étranger aux systèmes métaphysiques. Dans les écoles animées de l'esprit de Port-Royal, où il s'était formé, il devait rester quelque chose de la tradition cartésienne, proscrite par les jésuites. Il avait étudié les mathématiques. Il y a de la philosophie dans Bossuet et même dans Pascal. Comment ne pas savoir quelque chose de Leibnitz et de Locke ? Mais tant qu'on lit les livres de philosophie comme des ouvrages de littérature, on en peut raisonner disertement, on n'est point philosophe. Il faut, pour commencer à l'être, avoir une méthode, étudier la philosophie en elle-même, c'est-à-dire dans les questions qu'elle agite, scientifiquement et non pas littérairement. Reid mit Royer-Collard sur cette voie. Le spectacle des choses du monde, l'expérience de la politique l'avaient jeté dans une double disposition de doute à l'endroit des systèmes abstraits, de foi dans les principes naturels du bon sens et du sens moral. C'est une disposition excellente pour entendre Reid, car c'est celle même où il veut vous mettre et vous laisser. Quoique ses conclusions soient toutes favorables aux croyances pratiques de l'esprit humain, Reid soumet les théories par lesquelles on a cherché à les expliquer à une critique sévère qui n'a été dépassée que par celle de Kant, et une logique un peu déliée établirait entre Kant et lui plus de ressemblance que n'en avouent les Écossais. La philosophie d'Edimbourg avait donc précisément les caractères qui devaient le plus toucher un esprit tel que celui de Royer-Collard, également porté à l'analyse et au dogmatisme, difficile et affirmatif, défiant et tranchant, sceptique et absolu, épris de la réflexion et du raisonnement, en doutant beaucoup de la raison et de la science humaine. Malgré les limites qu'elle pose à notre savoir légitime, la philosophie écossaise est un rationalisme solide et sensé qui calme et rassure l'esprit, qui raffermit les croyances sans sacrifier aux préjugés. Elle avait de plus, pour gagner le cœur de Royer-Collard, un trait particulier : on sait que, dans sa revue des systèmes sur le point qu'il tient pour fondamental, Reid ne fait grâce qu'au livre du *grand Arnauld* sur les vraies et les fausses idées. L'élève de Port-Royal devait être sensible à une pareille avance, et M. Royer-Collard devint ainsi le plus rigoureux interprète, avant que Hamilton n'eût éprit, de la philosophie d'Edimbourg. Elle fut pour cet esprit puissant, mais jusque-là errant et flottant, un fil conducteur dans l'étude et la méditation. Ses tendances libérales en toutes choses durent heureusement s'opposer aux tentations contraires qui assiégeaient une âme irritée ; elle donna à ces puissantes facultés ce dont elles avaient besoin, l'ordre dans l'étendue. De plus, en concentrant ses forces sur des problèmes déterminés, en se proposant un travail et un but, le nouveau philosophe connut et développa les ressources inconnues de son esprit ; puis vint la fondation de l'Université, qui fit d'un amateur de philosophie un professeur de philosophie, et, dans ce nouvel exercice de son intelligence, il apprit l'art d'exposer et de discuter, il découvrit définitivement en lui le talent d'écrire.

Maintenant récapitulons tout ce que la nature et les circonstances avaient fait de Royer-Collard au moment où la restauration l'introduisit décidément dans la sphère du gouvernement et sur la scène de l'histoire. C'était une nature forte, une âme haute, un esprit puissant. La vie de famille, la vie des champs, une éducation sévère, les exemples d'une piété austère et raisonnée, de solides études, le goût des mathématiques, la fréquentation de la magistrature, le contact avec l'ancien régime, la participation aux opinions, aux mœurs, aux affaires du Paris de 1789, le spectacle de la révolution, l'expérience des disgrâces de la politique, l'étude de la philosophie, l'art d'enseigner, d'écrire et de parler, voilà les causes diverses qui se réunirent pour former et préparer le personnage vénérable et singulier qui, en agissant si peu, a exercé pendant vingt ans une si grande influence sur son pays.

Section II

Nous nous sommes laissé aller à rappeler les souvenirs de la vie de Royer-Collard antérieure à 1814, afin de le mieux caractériser avant qu'il ne se montre au grand jour ; mais nous n'essaierons pas même une esquisse de sa vie parlementaire, d'abord parce qu'elle est plus connue, puis parce que l'ouvrage de M. de Barante en donne pour ainsi dire les éphémérides, complétées par un commentaire perpétuel.[1] D'ailleurs les temps du gouvernement de la restauration

---

1 Voyez aussi sur *Royer-Collard orateur et politique* l'étude de M. L. de Lavergne dans la *Revue* du 1er octobre.

Charles de Rémusat

ne sont plus un mystère. L'histoire en a été écrite au point de vue parlementaire par M. Duvergier de Hauranne avec une fermeté d'esprit, une sûreté de jugement et un talent d'exposition que tout le monde admire. À un point de vue plus général, M. de Viel-Castel vient de commencer le tableau de la même époque dans quatre volumes qui me paraissent un monument de sagacité, d'exactitude, de justesse et d'indépendance. Dans toutes ces publications, Royer-Collard tient sa place et apparaît sous ses traits véritables.

Dans la politique qu'il a soutenue et personnellement représentée, un trait particulier nous frappe et nous importe en ce moment. Cette politique en général se réduisait, comme il l'a dit lui-même, à ne vouloir de la contre-révolution que le roi, de la révolution que la charte. Que cette politique fût bonne et sage, qu'elle dût être celle de la France bien inspirée, qu'elle le fût même au fond et qu'elle ait eu par moments des chances sérieuses de réussite, c'est assurément ce que nous n'avons nulle envie de contester. Par malheur, nous sommes obligé de reconnaître qu'elle n'était pas la plus praticable du monde ni la plus assurée du succès, ayant contre elle les préjugés de la dynastie, de son parti, de ses ennemis, et même quelques-uns des préjugés de la France qui voulait la soutenir. Ses revers nous ont plus affligé que surpris. Mais cette politique restant ce qu'elle est, c'est-à-dire celle qu'il eût été le plus désirable de voir triompher, elle donne lieu à une question grave qui se posa alors et qui reste encore posée : celle qu'on appelle la question de la démocratie, ou celle de savoir comment, la constitution démocratique de la société française étant donnée, on peut faire coexister avec elle d'une manière durable la monarchie constitutionnelle ou même tout autre gouvernement libre et régulier.

Le parti royaliste soutenait purement et simplement que cela était impossible. On étonnerait peut-être les lecteurs qui ont moins de cinquante ans en leur disant que le caractère de la politique de M. Royer-Collard, et en général de la politique doctrinaire, était d'être essentiellement démocratique. Elle était au moins taxée de l'être, et, à mon avis, elle le méritait. Il faut s'expliquer.

Le mot démocratie a plusieurs sens. Dans sa signification primitive et rigoureuse, il veut dire le gouvernement direct dix plus grand nombre. Ainsi l'entendaient les Grecs, ainsi l'entendait Aristote, et il est remarquable que ce défenseur des intérêts populaires, cet adversaire des doctrines aristocratiques de Platon, prend constamment dans sa *Politique* le mot démocratie en mauvaise part, à ce point que son dernier et habile traducteur a remplacé souvent, à tort suivant moi, le mot démocratie par celui de démagogie. Aristote appelle démocratie le gouvernement où prévaut l'intérêt des pauvres : dans l'aristocratie, c'est l'intérêt des riches ; dans la monarchie, l'intérêt d'un seul. La république ou le bon gouvernement est, selon lui, l'état où domine l'intérêt général. Ces idées, quoique simples, sont certainement remarquables ; mais elles ne s'appliquent pas d'elles-mêmes et sans explication aux sociétés modernes, et particulièrement à la question du gouvernement de la société française telle qu'elle s'est élevée sous la restauration. Il va sans dire qu'il ne s'est jamais agi à cette époque de mettre le gouvernement sur la place publique, et de faire délibérer la multitude, ce qui est le vrai gouvernement démocratique. Alors cependant se produisit avec plus de netteté que jamais la distinction fondamentale entre l'ordre social et l'ordre politique. Ce sont les doctrinaires qui mirent le plus en lumière cette distinction, bien aperçue par Sieyès au commencement de la révolution, et qui s'attachèrent avec le plus d'insistance à en faire ressortir toutes les conséquences. L'ordre social n'est pas l'ordre politique, puisque la société n'est pas le gouvernement ; mais l'ordre social agit sur l'ordre politique : si la société n'est pas un pouvoir, elle est une influence. Or ce que la révolution française a voulu, a tenté, a fait, ce qui la rend une plus grande révolution qu'aucune autre peut-être, c'est d'avoir sciemment changé l'ordre social. Des travaux de l'assemblée constituante est sorti un ordre social dont les événements, les succès, les revers, les crimes, les batailles, les lois, l'anarchie, le despotisme, n'ont fait que manifester et consacrer l'existence et la forme. Cet ordre social, qui a pour lui les opinions, les habitudes, les mœurs, les intérêts, la législation civile, est fondé sur l'égalité, et en ce sens on peut dire que la démocratie est dans l'ordre social. C'est là le résultat le plus certain, le plus éclatant de la révolution. C'est là le fait irrévocable, indépendant de la volonté des hommes et des gouvernements. La constitution de l'état reste jusqu'à un certain point à notre discrétion. La constitution de la société ne dépend pas de nous ; elle est donnée par la force des choses, et si l'on veut élever le langage, elle est l'œuvre de la Providence.

Charles de Rémusat

C'est là ce que Royer-Collard et ceux qu'on regardait comme ses amis ont soutenu avec autant de résolution que de persévérance. C'est là le point fondamental qui les séparait de leurs adversaires du côté droit. Sur ce point, ils se montraient absolus et intraitables. On obtenait d'eux de suspendre ou d'ajourner certaines garanties, certains développements de la liberté proprement dite ; mais lorsqu'on les pressait d'établir ou de supposer dans la société un classement fixe, une hiérarchie immobile qui s'opposât à la libre ascension des individus, ils résistaient impérieusement, ils répondaient que le problème politique était d'accommoder le gouvernement à la société et non de refaire arbitrairement la société pour la commodité du gouvernement.

Cette controverse fut explicitement, habilement soutenue et menée très loin. C'est cette thèse de la démocratie sociale que dans le parti réactionnaire, et même dans le parti conservateur du temps, on reprochait spécialement aux doctrinaires. On leur objectait qu'aucun gouvernement, et surtout celui qu'ils réclamaient, la monarchie constitutionnelle, ne pouvait s'édifier sur un sol aussi mobile. C'est alors qu'on découvrit que l'Angleterre était éminemment aristocratique, chose par parenthèse dont le dernier siècle, qui la citait souvent, ne s'était pas aperçu. Montesquieu même insinue que l'Angleterre manquait trop d'aristocratie ; mais du fait contraire, qui était la vérité et que l'on exagérait, on déduisait la possibilité et la durée de la liberté britannique. Sur des bases différentes, on défiait d'élever le même monument. Après je ne sais plus quel discours de Royer-Collard, M. de Montlosier, qui n'était certes pas un ennemi de la liberté, mais qui ne concevait qu'une société invariablement classée, écrivait : « J'ai un portrait de l'abbé de Saint-Pierre avec ces mots écrits au bas : *Paix perpétuelle*. Je veux avoir un portrait de M. Royer-Collard, et j'écrirai ces mots au-dessous : *Révolution perpétuelle*. »

À cette mobilité, caractère propre d'une société démocratique, Royer-Collard opposait la nature du régime représentatif, qui, franchement établi et pratiqué, devait ouvrir une voie régulière, une libre arène à l'influence de l'opinion publique, et qui, s'il était à l'image de la société, lui assurait indirectement le gouvernement de ses intérêts et de ses vœux, la préservait ou la dispensait de toute agression, de toute collision, en substituant la réforme lente et le progrès insensible aux crises révolutionnaires. Enfin, comme en toute rigueur il n'était pas impossible que l'opinion populaire ne se laissât emporter à sa précipitation naturelle, il y avait pour la tempérer, pour la ralentir, toutes les formes, toutes les garanties intérieures du système constitutionnel, et cette résistance était suffisante, pourvu que la démocratie eût la sagesse d'admettre l'exception d'une pairie héréditaire et l'inviolabilité de l'hérédité royale, assez mal désignée sous le terme vague de légitimité. C'est sur ce terrain que se plaçait et que demeura constamment Royer-Collard une fois qu'il eut compris comment la monarchie anglaise décrétée par la charte pouvait s'adapter à la société française. Sur l'état de celle-ci, il n'hésita jamais ; sur le problème du gouvernement, il mit un peu plus de temps à arrêter ses idées, et ce n'est guère que vers 1817 ou 1818 qu'il entra résolument dans la voie au terme de laquelle était l'adresse des 221.

Parmi ceux qu'il eut à combattre, et dont la dissidence fut pour lui le sujet de l'étonnement le plus douloureux, fut M. de Serre, qui, partisan non moins déclaré du système représentatif, avait toujours douté de la possibilité de lui donner pour base une société fondée sur le principe de l'égalité civile, et que les violences d'une opposition extra-légale finirent par pousser dans les voies d'une véritable réaction. Ce dissentiment, d'abord faible, devait un jour éclater en rupture entre deux amis qu'on avait dû croire unis par une communauté inaltérable de principes. M. de Serre, en présentant une loi qui devait rendre plus restrictives les garanties contre la presse, avait dit ces mots remarquables : « La démocratie, chez nous, est partout pleine de sève et d'énergie ; elle est dans l'industrie, dans la propriété, dans les lois, dans les souvenirs, dans les hommes, dans les choses. Le torrent coule à pleins bords dans de faibles digues qui le contiennent à peine. » Royer-Collard en prit occasion d'avouer la démocratie au lieu de la déplorer, de s'en prévaloir au lieu de s'en plaindre. « A mon tour, dit-il, prenant comme je le dois la démocratie dans une acception purement politique et comme opposée ou seulement comparée à l'aristocratie, je conviens que la démocratie coule à pleins bords dans la France « telle que les siècles et les événements l'ont faite… Les classes moyennes se sont si fort approchées des classes supérieures, que, pour apercevoir encore celles-ci au-dessus de leurs têtes, il leur faudrait beaucoup descendre… Les classes moyennes ont abordé les affaires publiques ; elles ne se sentent coupables ni de curiosité ni de hardiesse d'esprit pour s'en occuper ; elles savent que ce sont leurs affaires. Voilà notre démocratie telle que je la vois et la conçois ; oui, elle coule à pleins bords dans cette belle France, plus que jamais favorisée du ciel. Que d'autres s'en affligent ou s'en courroucent, pour moi je rends grâces à la Providence de ce qu'elle a appelé aux bienfaits de la civilisation un plus grand nombre de ses créatures.[1] »

L'orateur concluait que l'égalité des droits, c'est le vrai nom de la démocratie, que la démocratie était *le fait qui dominait aujourd'hui la société et qui devait présider à notre politique.* Ces paroles sont assurément très fortes, et s'il était possible ici de multiplier les citations et d'analyser les discussions, on montrerait aisément à quelles conséquences étendues et variées on appliquait ces idées générales. Je n'en rapporterai qu'un exemple. On peut établir en théorie que le choix des plus imposés, lorsqu'on les charge d'une attribution exclusive dans les affaires de la communauté, est un principe aristocratique, car il ne met à part un certain nombre d'hommes que parce qu'ils sont plus riches. Un jour, dans la discussion du budget, la commission demanda que, lorsqu'une commune aurait à voter une imposition extraordinaire, les plus forts contribuables, en nombre égal à celui des membres du conseil municipal, dussent lui être adjoints pour délibérer sur cette proposition. Cette innovation semblait une garantie de plus donnée aux communes, alors privées de toute représentation élective. Eh bien ! Royer-Collard et Camille Jordan prirent la parole et combattirent avec beaucoup de vigueur, au nom de l'égalité, l'amendement, qui fut cependant adopté. Et non-seulement il fut adopté, mais il est devenu une disposition fondamentale de notre droit municipal. Il a été conservé après la création des conseils électifs, et je me rappelle qu'ayant à le soutenir en 1837, lorsqu'une loi sur les attributions municipales était discutée, je ne rencontrai pas d'opposition de la part des défenseurs les plus jaloux des principes démocratiques, et l'adjonction des plus imposés aux représentants élus, dans certains cas spéciaux, a traversé l'épreuve de la république. La démocratie s'est accommodée de ce que Royer-

---

1 Voir les développements dans le discours entier du 22 janvier 1822.

Collard repoussait en son nom.

C'est assez, je crois, établir ce que j'avais en vue : c'est que la recherche des moyens de concilier les conditions d'un bon gouvernement avec les données d'une société démocratique a de bonne heure et dès longtemps agité les meilleurs esprits. Or maintenant la question est-elle résolue ? L'est-elle dans les idées ? L'est-elle dans les faits ? Et si elle ne l'est pas, quelle question politique surpasse celle-là en importance et en opportunité ?

Section III

Voyons en effet ce qu'elle est devenue depuis l'époque que nous venons de rappeler. Le vœu de Royer-Collard ne fut pas exaucé, parce que ses conseils ne furent pas suivis ; la monarchie qu'il préférait succomba. Après 1830, la démocratie, ainsi du moins que l'avait entendue jusque-là tout le parti constitutionnel, ne fit plus question. Personne n'aurait songé alors à regretter des classifications surannées, à en proposer d'artificielles, à refaire en un mot la société que la révolution avait faite. On a vu que Royer-Collard n'admettait à l'égalité qu'une exception, la pairie. C'est ce qu'il exprimait à la tribune d'une manière si piquante en disant : « Il y a deux conditions dans notre nation ; nous sommes tous pairs ou peuple. Si quelqu'un prétend être autre chose, qu'il dise ce que c'est. » Il ne dissimulait même pas combien cette institution de la pairie était encore précaire. Il savait, et il l'avait dit, que *des corporations politiques sont une création très difficile, plus difficile que celle des gouvernements*, et il définissait lui-même la chambre des pairs : *un peu d'aristocratie de convention, fiction indulgente de la loi*. Cependant, lorsqu'en 1832 il fut question d'abolir l'hérédité de la pairie, il en prit énergiquement la défense. Je suis loin de le lui reprocher. Une pairie héréditaire est une bonne institution là où elle est possible, c'est-à-dire là où elle sort naturellement de la société, où elle est librement acceptée par elle, où du moins elle n'est pas entièrement factice. Quoi qu'on pense au reste de cette question plus importante peut-être dans la théorie que dans la pratique, Royer-Collard était assurément dans son droit en défendant d'une part l'hérédité existante, en soutenant de l'autre que la démocratie ne devait pas-à elle seule constituer le gouvernement. Seulement on aurait pu lui demander comment, en admettant, ainsi qu'il le faisait encore, qu'elle régnât dans la société *sans adversaires*, il pouvait empêcher que cette même société, armée de la liberté de la presse et de celle des élections, ne fît la représentation nationale à son image, c'est-à-dire démocratique dans ses opinions, ses intérêts, ses mœurs, ses passions. Et comment faire alors qu'une représentation nationale ainsi constituée, ainsi inspirée, pût s'attacher avec force et persévérance à *une fiction de la loi*, à une création difficile, artificielle, conçue ouvertement comme un obstacle à l'entraînement de ses instincts, de ses préjugés, de ses passions ? — Elle doit, répondra-t-on, savoir les dominer : instincts, préjugés, passions, tout doit céder à sa raison. — Ah ! sans doute il faut toujours parler raison aux hommes : je vais plus loin, il faut même avec le temps compter sur leur raison ; mais on doit considérer, quand on institue un gouvernement, que d'une part la raison, comme on l'entend, ne sera pas la règle constante de l'opinion ou de la volonté publique, que de l'autre l'expérience ne justifiera pas toujours les avertissements qu'on leur donne, que les institutions les meilleures ou les plus soutenables ne tiendront pas toujours toutes leurs promesses, et que par conséquent, lorsqu'on a pris en main la cause de la démocratie dans la société, il y a quelque puérilité à s'étonner qu'à l'occasion elle *fasse irruption dans le gouvernement*. Ainsi l'ancienne controverse entre le côté droit et les doctrinaires, entre M. de Serre et Royer-Collard, subsistait tout entière après 1830. En défendant avec éloquence l'hérédité de la pairie contre la démocratie en 1832, Royer-Collard ne tranchait pas le débat contre M. de Serre, et tout ce qu'il avait affirmé depuis quinze ans était virtuellement remis en question.

C'est qu'en effet le problème de la conciliation du gouvernement d'un grand état avec la démocratie dans la société avait reçu de la révolution de 1830, comme de toutes les révolutions qui ont suivi, moins une solution qu'une gravité nouvelle. Ce problème dépassait de beaucoup les questions de détail auxquelles on aurait voulu le réduire. Ainsi, quelque importance que put avoir l'hérédité de la pairie, elle était loin de contenir en elle-même une vertu qui pût sauver l'état. Elle aurait été maintenue en 1832, qu'elle n'eût pas empêché la révolution de 1848. Ce n'est pas faute d'une chambre héréditaire que nous avons péri, et c'est en des termes plus généraux que doit être posé le problème de la démocratie moderne.

C'est ce que concevait, pendant que Royer-Collard déployait les forces d'une éloquence prophétique contre une théorie du moment, un jeune homme dont l'esprit sérieux et pénétrant devait être jugé un jour par lui digne de l'entendre et de lui répondre. Alors qu'on se consumait dans la tâche épineuse d'organiser un gouvernement nouveau, Tocqueville, frappé de l'aspect général du monde, allait par-delà l'Atlantique contempler la démocratie à l'œuvre et l'étudier dans la plus grande et la plus neuve expérience qu'elle eût jamais tentée.

Nous nous sommes, au seul nom de Royer-Collard, laissé aller à quelques souvenirs personnels. Le nom de Tocqueville nous en suggérerait de plus pressants et qui nous touchent plus intimement. C'est peut-être une raison pour nous abstenir de les épancher ici. Nous ne pourrions-nous satisfaire à demi, et cependant le public n'a nul besoin de nos confidences. N'a-t-il pas dans les mains cette correspondance si remarquable où Tocqueville s'est montré presque tout entier ? On ne le peindrait pas mieux qu'il ne s'est peint lui-même, et d'ailleurs, si quelques détails étaient demandés sur sa vie pour la connaître telle que l'a vue le témoin le plus fidèle, l'observateur le plus sympathique, ce n'est pas à nous qu'il faudrait s'adresser. M. Gustave de Beaumont a mis en tête de cette correspondance une notice étendue ; c'est ce morceau éminent par la justesse, le tact et la vérité qu'il faut lire. En s'effaçant lui-même avec une abnégation pleine de goût, M. de Beaumont n'a laissé paraître de son amitié que la communauté parfaite des sentiments et des idées. Je ne sais s'il a jamais écrit mieux, car il n'a jamais écrit sur un sujet qu'il ait autant aimé, Nous nous récusons devant lui quand il faut peindre l'homme dans Tocqueville, et s'il faut juger le publiciste, nous laissons parler M. Janet.[1] Nous ne voulons ici le considérer que : comme une sorte de continuateur de Royer-Collard par rapport à cette grande question de la démocratie.

Tocqueville a lui-même dépeint avec beaucoup d'esprit et de vérité son prédécesseur dans une lettre qui serait ici fort à sa place, si la citation n'était trop longue [2] ; mais, en indiquant les

---

1 Voyez la *Revue* du 1ᵉʳ juillet 1861.
2 Lettre à M. Freslon, t II, p. 442.

Charles de Rémusat

deux opinions fondamentales qui se partageaient en politique et peut-être en toutes choses l'esprit de Royer-Collard, il signale des contrastes, sans peut-être remarquer qu'on en aurait pu apercevoir en lui d'analogues. Avec la différence de l'âge, avec une autre nature d'esprit, il offre aussi ce trait saillant d'être invinciblement attaché aux résultats généraux de la révolution en n'étant à aucun degré révolutionnaire, et de n'aimer l'égalité qu'à la condition de la liberté.

Bien moins encore que Royer-Collard, il était appelé par position à prendre parti pour la société moderne, pour la société de la révolution. Des nobles souvenirs qui illustrent le nom de Malesherbes, sa famille semblait touchée presque uniquement du plus tragique de tous, de celui qui a immortalisé la fin d'une si belle vie, et c'est par une preuve éclatante d'indépendance et de courage d'esprit que Tocqueville débuta dans la vie, lorsque, se souvenant que le sang d'un philosophe libéral coulait dans ses veines, il se décidait à considérer son temps sans parti-pris et à ne contracter d'engagement qu'envers la vérité. Le plus sûr libéralisme est sans aucun doute celui qui n'a été inspiré ni envenimé par aucun ressentiment contre la restauration, par aucune part d'héritage dans les passions de la révolution. Tel était le libéralisme spontané, désintéressé, pour ainsi dire philosophique de Tocqueville. Il n'en résultait pas que ses opinions fussent destinées à nourrir uniquement un travail de cabinet ; ses lettres nous apprennent combien, avec un esprit si calme, son âme était ardente, quel besoin d'activité il unissait au goût de la méditation, enfin quel feu d'ambition échauffait ce contemplateur des choses humaines. Aussi, dès qu'il put disposer de son temps, au lieu d'étudier la société dans les livres, voulut-il l'observer dans sa forme la plus récente sur de lointains rivages, et son voyage aux États-Unis ne fut pas une visite à New-York, une conversation cherchée outre-mer, mais une exploration directe et active de tout le champ de la réalité. C'était une idée fort simple, à ce qu'il semble, et cependant elle n'a été conçue et exécutée que cette fois. Encore aujourd'hui, quoique les événements achèvent de compromettre l'Amérique dans l'opinion de l'Europe, elle est un des objets les plus dignes de l'attention de quiconque se fait une juste idée du grand rôle de la démocratie dans les destinées futures du monde.

Tocqueville avait de lui-même aperçu ce point capital dans notre siècle, et il en avait fait l'idée fixe de ses études et de sa vie. Les traditions de sa famille et son éducation le portaient à considérer avec impartialité et même avec bienveillance l'histoire et la société du passé : il admettait que l'état aristocratique pût avoir des avantages qui manquaient à l'état démocratique, et les défauts de ce dernier ne lui échappaient pas ; mais le regardant comme irrévocable, comme nécessaire, il concluait de ses critiques l'obligation de le corriger, de l'améliorer, non de le dénoncer incessamment et d'en désespérer sans retour. Par là il se montrait plus raisonnable et plus résolu que plusieurs de ses devanciers. L'esprit comme le résultat de son travail sur l'Union américaine peuvent être résumés dans quelques mots qui sont presque des citations.

L'établissement et l'organisation de la démocratie, tel est le grand problème de notre temps. Les Américains n'ont point donné de ce problème une solution qui soit définitive et universelle ; mais ils ont prouvé qu'il ne faut pas désespérer de régler la démocratie à l'aide des lois et des mœurs. Si d'autres peuples, leur empruntant cette idée générale, tentaient de se rendre propres à l'état social que la Providence impose aux hommes de nos jours, et cherchaient ainsi à échapper au despotisme et à l'anarchie qui les menacent, où sont les raisons de croire qu'ils dussent échouer dans leurs efforts ? Ceux qui les y condamnent ne leur laissent d'autre refuge que le despotisme d'un seul. À considérer l'état où déjà sont arrivées plusieurs nations européennes et celui où toutes les autres tendent, il semble en effet ne se trouver plus de place que pour la liberté démocratique ou le despotisme des césars. La Russie et les États-Unis paraissent offrir les deux types politiques connus de la société moderne. Si donc on ne réussit à fonder enfin parmi nous des institutions démocratiques, et si l'on renonce à donner à tous les citoyens des idées et des sentiments qui d'abord les préparent à la liberté et ensuite leur en permettent l'usage, il n'y aura d'indépendance pour personne, mais une égale tyrannie pour tous. Si l'on ne réussit à fonder parmi nous l'empire paisible du plus grand nombre, nous arriverons tôt ou tard au pouvoir illimité d'un seul. Voilà les conclusions de l'ouvrage de Tocqueville sur l'Amérique, le résumé de ses opinions tel qu'il l'écrivait lui-même en 1840.

C'est à peu près vers ce temps qu'il s'était lié avec Royer-Collard, et que ces deux esprits entraient dans une mutuelle confiance. On aperçoit cependant le point de dissidence qui les séparait. Royer-Collard, plus sceptique et plus ombrageux, ou seulement plus âgé et tourmenté des souvenirs de la révolution, ne pouvait se défendre d'une vague croyance à l'impossibilité pour un gouvernement d'exister dans l'ordre, et même d'exister de façon quelconque, au sein d'une société démocratique : il saluait avec respect le principe de l'égalité des droits, il aimait trop la justice pour ne pas voir avec joie prévaloir ce principe dans les mœurs et dans les lois ; mais il s'effrayait presque aussitôt de ses conséquences pour le gouvernement, de ses dangers politiques, et, peu confiant dans les compromis qu'il conseillait lui-même pour associer l'ordre et la liberté, les vieilles conditions et les conditions nouvelles de la stabilité, il prophétisait à chaque instant la ruine de ce qu'il édifiait. Aux faits qu'il observait mieux que personne, il déclarait qu'ils étaient à la fois nécessaires et impossibles, et condamnait également tout retour vers le passé comme une chimère et toute foi dans l'avenir comme une utopie. Tocqueville, n'eût-il eu d'autre raison pour différer en ceci que d'avoir quarante ans de moins, ne pouvait prendre pour point de départ cette extrémité sans issue. Quand Royer-Collard daignait admettre qu'il restait au monde un avenir, sous quels traits se le représentait-il ? « Je ne sais pas l'avenir, écrivait-il à M. de Barante en 1833, si ce n'est que la face de notre terre sera renouvelée, que ce qui commande obéira, ce qui a dominé servira plus ou moins, plus tôt ou plus tard ; quand je serais bien plus jeune, je ne voudrais pas aider à la métamorphose ni en prendre ma part. » Ce renoncement ne pouvait convenir à un esprit libre d'antécédents, exempt de regrets, confiant en lui-même, agité et entreprenant, et qui se proposait précisément pour étude et pour devoir de participer à ce renouvellement et de diriger cette métamorphose. Aussi la conclusion du grand ouvrage de Tocqueville était-elle il y a vingt ans : il faut organiser politiquement la démocratie.

Dix ans après, des événements mémorables avaient prouvé peut-être que cette organisation était encore plus difficile qu'on ne l'avait cru, mais non qu'elle fût moins nécessaire. Les convictions de Tocqueville pouvaient être attristées, non ébranlées. Le devoir était aussi grand, quoique l'espérance fût moindre. Son premier ouvrage avait pour conclusion : « l'Amérique prouve que la démocratie peut être organisée. » Restait à savoir si elle pouvait et comment elle pouvait l'être en France. Le moyen de le savoir autrement qu'en étudiant ce que l'ancien régime et la révolution avaient fait de la France ? Ce fut le sujet du second ouvrage de M. de Tocqueville.

Il voyait sinon le plus grand vice de la société française, au moins l'un des principaux obstacles qu'elle offrît à l'établissement d'un gouvernement libre et stable, dans ce nivellement social qui à enfanté la centralisation. Il lui paraissait que de ce côté la démocratie civile n'était propre qu'à exercer et à subir, quelquefois en même temps, le despotisme. Ce caractère saillant de notre organisation sociale avait été observé et jugé il y a longtemps, et par personne il n'a été décrit avec plus de vivacité et de sévérité que par Royer-Collard. Nul n'a plus déploré cette uniformité administrative qui assimile le pays politique à une plaine nue, où ne se voit ni asile, ni défense, ni hauteur, ni rivière, et sur laquelle la force organisée du gouvernement manœuvre comme une garnison sur une esplanade. Tocqueville offrait avec son prédécesseur un point commun ; il puisait presque tout en lui-même, recevait peu des autres, et prenait la peine de découvrir pour son compte ce qu'on avait trouvé avant lui ; c'est même une des sources de l'originalité de son ouvrage sur les États-Unis. Le trait est encore plus frappant dans son autre livre. Il s'était abstenu, pour le faire, de lire ce qu'on avait écrit sur le même sujet. La littérature politique de la restauration, si riche et si féconde, est comme non avenue pour lui, ce qui l'expose à trouver neuf ce qui ne l'est pas, mais ce qui lui donne sur ses idées les moins originales un droit de propriété joint à un accent de conviction qu'il n'aurait pas sans cela. Il a pu redire, en le rajeunissant par l'à-propos et par la forme, tout le vieux thème des accusations contre l'alliance de la centralisation et de la démocratie. Ses lettres contiennent encore sur ce point les réflexions les plus justes et les plus variées. On ne voit nulle part qu'il eût souvenir ou connaissance des discours où, sous des formes diverses, Royer-Collard avait redoublé ses attaques contre cet abus de l'unité politique et législative dont il faisait l'œuvre commune de la révolution et de l'empire ; mais voici ce que Royer-Collard n'aurait pas appris à Tocqueville. Quoique le premier ne pût ignorer que l'histoire tout entière de la France et de la royauté fût celle d'une longue marche vers l'unité nationale et gouvernementale, il avait encore vu de ses yeux les variétés et les disparates de l'ancien régime. Ces corporations diverses, ces institutions locales, ces privilèges particuliers lui avaient fait l'illusion de quelque chose de réel, alors que ce n'était depuis longtemps que de vains simulacres. Il n'ignorait pas que tout cela était miné comme l'ancien régime ; mais il déplorait l'explosion qui avait tout détruit à la fois. Il savait pourquoi l'ancien régime avait péri et pourquoi il avait dû périr, il trouvait de la démence à vouloir en rien rétablir ; mais il regrettait qu'on n'en eût rien sauvé. Il allait quelquefois chercher dans ses ruines, non des débris à relever et des monuments à reconstruire, mais des exemples à suivre dans les constructions nouvelles. Tout au moins conseillait-il de tenter de reproduire par d'autres moyens quelque chose du vieil esprit dont il se figurait que nos pères étaient animés. Tocqueville ne lui eût pas même laissé cette illusion, et son dernier ouvrage a eu pour résultat d'établir que l'ancien régime avait été aussi centralisateur que les régimes qui l'ont suivi, que la révolution et l'empire n'avaient fait sous un certain rapport qu'achever et manifester son ouvrage. À l'égard de la politique, je ne connais rien de plus sévère pour le gouvernement de l'ancienne France que le dernier ouvrage de Tocqueville : il lui enlève son dernier mérite apparent.

C'est une question intéressante, et malheureusement difficile à résoudre, que celle de savoir comment il aurait terminé son livre, qui, on le sait, n'est pas fini. Dans le premier volume, il montre fort bien comment l'ancien régime devait aboutir à la révolution. Dans les volumes qui lui restaient à faire, il aurait eu à montrer comment devait finir la révolution. Il est impossible de se représenter avec certitude quelle eût été sa solution. Les deux fragments, seuls terminés, que M. de Beaumont a publiés sont des plus remarquables ; mais ils caractérisent parfaitement certaines époques, ils ne servent en rien à préjuger les époques futures. Quand je relis une lettre qu'il écrivait au mois de septembre 1857, je crains bien qu'à ce moment encore il ne se sentît dans l'impossibilité de trouver le remède au mal qu'il déplorait. Il dit bien : « Je suis réellement persuadé qu'au-delà de cet horizon où s'arrêtent nos regards se trouve quelque chose d'infiniment meilleur que ce que nous voyons. » Et je suis prêt à dire comme lui ; mais, toutes les fois que je lui ai parlé de la conclusion de son ouvrage, il m'a répondu plutôt en homme qui compte la trouver qu'en homme qui la possède. Et c'est pour cela qu'il serait digne de quelque noble esprit de notre temps de reprendre son œuvre où il l'a laissée, et de nous conduire où il nous aurait conduits. Ce qu'il a publié de son dernier ouvrage ne changeait ni n'ajoutait rien au premier, sinon que les faits caractéristiques de notre société, démocratie et centralisation, plongeaient leurs racines plus profondément qu'on ne croyait dans le passé, et que par conséquent ces résultats, bons ou mauvais, des siècles, avec lesquels la sagesse politique avait à compter, étaient d'autant plus consistants, d'autant plus vivaces, qu'ils étaient plus naturels et plus historiques. Ainsi les dernières méditations de Tocqueville n'avaient pas simplifié sa tâche. Il pensait toujours que la démocratie était la forme donnée de la société moderne, et qu'elle avait une force d'impulsion qu'on pouvait tout au plus ralentir, jamais arrêter. Il n'avait pas cessé de croire qu'elle avait des défauts ou des vices, tant essentiels qu'accidentels, les uns provenant des événements, les autres de sa nature, qui lui rendaient difficile de fonder ou de recevoir, de soutenir ou de conduire un gouvernement éclairé, régulier, stable, surtout dans la modération et dans la liberté. Enfin l'expérience, en lui montrant encore plus clairement ces obstacles, étai. loin d'avoir affaibli en lui le désir de les vaincre, et rien assurément ne l'avait ramené à s'accommoder plus paisiblement du honteux refuge que la faiblesse aimerait à chercher dans l'absolutisme. Entre ces données, dont il ne voulait retrancher ni éluder aucune, comment aurait-il su résoudre ou seulement poser le problème ?

Section IV

On a comparé ingénieusement ce problème à l'énigme du sphinx. Le siècle qui s'écoule a quelque chose de la beauté et de la cruauté de l'être merveilleux et terrible qui menaçait Œdipe de son fatal secret. « Devine, ou meurs ! » telle est l'alternative qu'il semble signifier tour à tour aux gouvernements qui s'élèvent ou se soutiennent encore. Et quoique les événements quelquefois nous en distraient ou nous en dispensent, la faiblesse et l'irréflexion peuvent seules expliquer comment il se fait que tout esprit sérieux,

Charles de Rémusat

je dirais presque toute âme de bon citoyen, s'occupe d'autre chose que de cette question redoutable. Le silence ne la supprime pas, les faits l'ajournent, et souvent l'aggravent en l'ajournant ; mais, à la fuir ou à la craindre, on ne la rendra pas moins pressante et moins périlleuse, et il n'appartient qu'à l'égoïsme excusable de la vieillesse de se tranquilliser en la déclarant insoluble.

Sans essayer ce que Tocqueville n'a pas fait, je voudrais cependant non pas en donner la solution, mais au moins en réduire la difficulté à ses termes véritables. Je n'ai pas jusqu'ici amoindri la question ; j'ai montré les plus grands esprits effrayés de sa gravité. Il n'y a que la témérité, l'ignorance ou la passion qui la pourraient méconnaître ; mais je trahirais ma pensée, si, laissant aux idées cette forme absolue que leur prêtent volontiers dans la discussion les esprits d'une forte trempe, je donnais à supposer que je crois la raison, dans la recherche de l'horoscope social, entourée de toutes parts d'impossibilités et condamnée au désespoir. L'on peut dire tout le mal qu'on voudra de la prévoyance humaine, et la menacer de tous les mécomptes imaginables ; mais, à moins que le monde ne finisse, l'humanité, c'est-à-dire la société, ne périra pas. Lorsqu'on dit qu'elle va périr, c'est une manière de parler, et les effets de style ne sont pas des raisons. Rien n'est plus commun cependant que de s'y méprendre, et non-seulement les grands écrivains comme Royer-Collard sont dupes de leur propre éloquence, mais les esprits vulgaires prennent les phrases au pied de la lettre. Même en politique, on peut se payer de mots,

Et toujours bien mangeant mourir par métaphore.

De quelques traits satiriques que l'on poursuive la civilisation moderne, ses avantages, positifs sont fort goûtés de ceux qui les révoquent en doute : ils ont passé dans leurs habitudes au point de les rendre ingrats et inattentifs ; mais cette civilisation n'en est pas moins puissante et féconde. Si l'on considère la société dans son entier, c'est-à-dire dans le sort qu'elle procure à tous les individus qui y participent, il n'est pas sûr que, dans les neuf dixièmes au moins de leur vie, les hommes à aucune époque aient joui des biens que promet l'état social au point où ils en jouissent depuis quarante-cinq ans ; la félicité publique est certainement en progrès dans toute l'Europe. Le monde n'a pas vu de longtemps des troubles civils accompagnés de crimes et de maux aussi odieux que ceux qui ont noirci le règne des jacobins. Il n'a pas vu de guerres aussi destructives et aussi terribles que celles qui ont fini en 1815. Qui cependant oserait soutenir que de 1789 à 1861, à prendre les choses dans l'ensemble, l'espèce humaine ait été plus malheureuse, plus outragée, plus opprimée que pendant les premières soixante-douze années qu'on voudra prendre dans l'histoire de l'Europe ? Certes on n'a manqué ni de mauvais gouvernements, ni de révolutions, ni d'anarchie, ni de despotisme, et cependant l'état nouveau des sociétés, ou, si on l'aime mieux, la civilisation moderne, qui n'a pas suspendu son cours, a tempéré ou compensé les malheurs inséparables de tant de luttes et de variations. L'humanité, malgré tout, ne se croit pas en déclin ; elle ne rougit pas d'elle-même et ne se plaint pas du malheur d'être née. On ne veut de là conclure qu'une chose : c'est que l'état plus ou moins démocratique des sociétés modernes est un état où, tout compensé, le mal ne prévaut pas. Si donc on veut consulter non telle ou telle philosophie politique, non l'esprit de système ou de parti, non le raisonnement ou la rhétorique, mais l'expérience vulgaire, le sentiment intime et involontaire, la notoriété publique, le sens commun en un mot, on n'abordera pas le problème politique du siècle dans un inexorable esprit de mélancolie et de misanthropie, mais au contraire avec une conviction toute faite sur le bien-être social en général, et sans autre préoccupation que le désir d'ajouter plus de sécurité et plus de dignité à la jouissance des biens pour ainsi dire inévitables que la civilisation apporte naturellement aux nations modernes.

Dans cette disposition d'esprit, abordons, après les grands observateurs que nous avons cités, l'examen de la démocratie. Cet examen est nécessairement comparatif. Dans les jugements plus ou moins sévères qu'on en porte, il y a toujours un parallèle tacite entre elle et une société formée sur d'autres errements. En signalant ses faiblesses, ses travers, ses fautes, tout ce qu'elle a trop pu trop peu, on se forme presque toujours dans l'esprit le type d'une société toute classée à laquelle on attribue toutes les qualités qui manquent à la première. Mais ce type existe-t-il ? Cette société, où est-elle, et quand a-t-elle été ? Je souscris presque à tous les reproches que Royer-Collard adresse à ses contemporains ; je ne saurais pourtant le suivre quand il semble insinuer que les enfants ne les ont pas hérités de leurs pères. Je repousse la condamnation comparative.

Charles de Rémusat

La société démocratique a, je le veux, les défauts qu'on lui impute ; mais il ne s'ensuit pas qu'elle les ait parce qu'elle est démocratique, ni que la société aristocratique n'en eût point de pareils ou de plus grands, ni même qu'il y ait eu avant nous une société aristocratique. Si le nouveau régime doit périr parce qu'il n'a pas les vertus de l'ancien, pourquoi donc l'ancien, qui, dit-on, les avait, serait-il tombé ? Lorsqu'on l'examine sans prévention, on n'y voit point que, par rapport à la politique, à l'intérêt social, il offre dans les mœurs, les opinions, les caractères, une supériorité décourageante pour le présent. Un homme élevé avant 1789 dans une famille exceptionnelle par les croyances et la moralité, et qui trouve en lui réunies la force de la raison, la liberté de l'esprit, l'indépendance du caractère, la sévérité de la conscience et la dignité des goûts et des habitudes, un homme en un mot comme Royer-Collard, aimait à se figurer que la société du passé était riche de ses pareils, et il semble quelquefois le supposer tout en reconnaissant ailleurs qu'elle méritait sa chute. Cependant, si on lui demandait où il trouve l'existence et surtout l'influence de ces hommes d'élite, refusés, dit-on, à la société démocratique, que répondrait-il ? Quels sont, au XVIIe siècle, ces hommes fiers et généreux semblables à l'Alceste de Molière, ce modèle idéal dont Montausier n'était que la faible et pâle copie ? L'abbé de Saint-Cyran et Arnauld seraient, avec d'autres traits, de ces hommes de choix dont on doit envier la force, l'esprit, la vertu : eh bien ! ils ont vécu dans la persécution ou l'exil. Fénelon avait au plus haut degré les grandes qualités aristocratiques jointes à des talents encore plus rares : la disgrâce, les mécomptes, les dégoûts, voilà son partage. Beauvilliers et Chevreuse sont d'honnêtes gens, des hommes sérieux et dignes : quelle a été leur influence et en quoi la société s'est-elle aperçue de leur passage dans le gouvernement ? Saint-Simon avait beaucoup d'esprit, de la probité, de l'honneur et des principes inflexibles : il a vécu dans l'impuissance, l'obscurité et la mauvaise humeur. On pourrait continuer cette énumération : on verrait que ceux qui ont uni aux traits de l'esprit et du caractère qu'on peut appeler aristocratiques des qualités et des opinions civiques n'ont la plupart du temps été que des mécontents inutiles, et pour tout dire je suis convaincu que des Fénelon et des Beauvilliers, des Chevreuse et des Saint-Simon auraient joué dans notre société démocratique un beaucoup plus grand rôle qu'ils n'ont fait dans la société du XVIIe siècle. L'égalité des droits, et cela n'a rien d'étonnant, ce semble, promet au mérite plus d'influence et d'empire que le régime des privilèges. Enfin, si la société ancienne était aristocratique, ce que j'ai peine à admettre, on ne prouverait pas aisément par les faits qu'elle fût pourvue de tout ce qu'on refuse à la nouvelle, et quand on aurait bien établi, ce qui n'est pas très difficile, que celle-ci ne s'élève pas beaucoup, on n'aurait nullement démontré qu'elle fût tombée de plus haut. Cela peut prouver seulement qu'elle n'a pas monté.

Ainsi ne cherchons point à parer le passé pour enlaidir le présent. Il serait trop facile de rétorquer contre les sujets de Louis XIV ou de Louis XV tous les reproches adressés à nos contemporains. Ne forgeons pas une aristocratie de convention pour lui immoler une démocratie d'ailleurs médiocre. Celle-ci ne mérite assurément pas qu'on la flatte ; mais quand on lui reproche d'être la démocratie, on veut apparemment faire entendre qu'on lui préfère un autre ordre social. Lequel alors ? Est-ce l'aristocratie de Versailles, celle d'Espagne, celle de Venise ? Non, apparemment. Est-ce une aristocratie imaginaire ? Cela serait permis, mais puéril. Veut-on enfin parler de l'Angleterre ? Il y aurait bien des choses à dire, et l'Angleterre n'est pas aristocratique comme on l'entend ; j'admets pourtant qu'elle le soit, et je dis que le mérite de son aristocratie n'est pas d'en être une, mais d'être l'aristocratie britannique. L'aristocratie étant tout autre chose ailleurs, ce qu'elle est en Angleterre, elle le doit nécessairement au caractère national et aux institutions.

C'est donc attacher trop d'importance aux mots que d'employer ces mots d'aristocratie et de démocratie comme des noms propres de choses identiques, et il faut, quand on les emploie, s'abandonner moins aux généralités et s'attacher davantage aux faits. Il faut surtout se garder d'assertions qui impliqueraient le contraire de ce qu'on pense. Royer-Collard écrit quelque part : « Notre bourgeoisie est un corps fort respectable et qui conduit bien ses propres affaires ; mais il ne lui a pas été donné de gouverner les affaires publiques. » Qui donc les gouvernera ? pourrait-on demander ; sera-ce une noblesse ? Mille fois non, se serait écrié Royer-Collard. Que veut-il donc dire ? Le voici : « Le remède, s'il y en a, je ne le sais pas, ou il serait pire que le mal. » Ainsi il n'est pas sûr qu'il y ait du remède, ce qui signifie que le jour peut venir où il n'y aura

Charles de Rémusat

plus ni gouvernement, ni affaires publiques, en d'autres termes que le monde finira, ou bien qu'il y aura quelque chose de pis que tout cela, et l'on pourrait demander quoi. Ce sont donc là, j'en suis bien fâché, de vaines paroles.

J'y insiste parce qu'on entend tous les jours des pleureurs de la société qui, avec moins d'autorité que l'homme illustre qui fut notre maître à tous, se complaisent dans cette politique de Jérémie, et je n'hésite pas à dire qu'ici Tocqueville a raison contre Royer-Collard, et qu'il est dans le vrai et dans le pratique lorsqu'il soutient qu'il faut vivre et gouverner avec la démocratie, c'est-à-dire avec la société telle qu'elle est, et que le problème ne peut être insoluble. En fait, il est certain qu'il ne l'est pas, puisque la société ne disparaîtra pas de la terre. Le temps amènera infailliblement une solution, seulement il se peut que la solution ne soit pas la meilleure du monde. Quand cela serait, on en devrait avoir moins de surprise que de chagrin. Si le résultat de l'état démocratique des sociétés devait être un mauvais gouvernement, ce ne serait pas là dans l'histoire de France une grande nouveauté.

Mais nous ne nous résignons pas ainsi ; il ne nous faut pas une solution quelconque, il nous en faut une bonne. Lorsqu'une nation a fait ce que la France a commencé en 1789, elle est engagée d'honneur à réussir, à se donner un gouvernement perfectionné qui la récompense de ses efforts et la dédommage de ses malheurs. Parce que nous ramenons dans de justes limites les inquiétudes que peut inspirer l'état nouveau du monde, nous ne conseillons pas une insouciante sécurité qui acquiesce à tout, tolère tout, excuse tout. La démocratie n'est pas cette monstruosité qui scandalise tant de bonnes âmes ; mais enfin elle place le monde dans une situation nouvelle et inconnue : l'expérience manque ou n'est pas suffisante pour nous éclairer sur ses besoins, ses lacunes, ses difficultés, ses ressources ; les applications historiques sont inexactes. La rencontre simultanée de l'accumulation sur un vaste territoire d'une population large et pressée avec les développements extrêmes de la civilisation, la création de la grande industrie, le besoin général de la lecture, la rapidité extrême de la circulation et l'établissement de l'égalité des droits constituent quelque chose de neuf et d'inouï. Cette étude n'a pour but que de signaler l'importance des questions que suscite un tel état de choses, et nous concevons le sentiment dont la correspondance de Tocqueville porte à chaque page l'expression poignante, éloquente, alors que, témoin des défaillances et des égarements de la démocratie, il s'accusait « d'une grande et profonde tristesse, d'une de ces tristesses sans remède parce que, bien qu'on en souffre, on ne voudrait pas en guérir,… la tristesse que me donne une vue claire de mon temps et de mon pays. »

Ennemi du désespoir, j'aime cette tristesse, je la comprends, je la conseille ; oserai-je dire que je la partage ? Elle se concilie très bien avec un énergique désir de lutter contre le mal et de préparer à la démocratie un avenir meilleur que le sort qu'elle a fait jusqu'ici à la société française. Après *cette espèce d'hébétement, créé dans la plupart des âmes en France par la terreur du socialisme*, je ne sais rien de pire que cette étrange indolence dans laquelle les classes qui devraient être éclairées attendent les faits à venir sans se soucier de les prévoir, ni de les régler, toutes prêtes à recevoir de l'imprévu l'inconnu.

La démocratie, en désignant ainsi la partie la plus démocratique de la société, est plus active, si elle n'est pas plus-prévoyante. Au jugement d'observateurs très éclairés, il s'opère dans le sein des classes les plus laborieuses un mouvement continu qui, si l'on ne veut pas l'appeler progrès, se résout cependant en un accroissement sensible de besoins, de jouissances, d'exigences, de ressources. Leurs opinions, leurs sentiments, leurs mœurs, leurs travaux, leurs salaires se modifient. Quand le bien et le mal se mêleraient dans cette transformation en proportions égales, quand surtout le mal dominerait, ce ne serait pas une raison pour laisser les choses suivre leur cours sans l'observer, sans se demander où il conduit, et l'inertie morale de tout ce qui est en dehors de cette sphère d'action ne saurait être justifiée. J'étonnerais plus d'un lecteur, si je disais quel juge éminent, visitant, il y a quelques années, une de nos grandes villes industrielles, et frappé du progrès de la population ouvrière, a dit aux hommes des classes moyennes et conservatrices cette parole sévère : « Tout a marché ici, excepté vous. » Il y a déjà longtemps que la timidité ou la paresse nous endort sur le bord de ce fleuve qui coule en murmurant à côté de nous. Ce sommeil est à mes yeux une des principales causes des dangers que nous avons courus depuis trente ans. Cette aristocratique Angleterre, qu'on prétend si égoïste et si hautaine, est tout autrement préoccupée

Charles de Rémusat

de la condition morale et matérielle du plus grand nombre. Point de session du parlement qui n'atteste un juste soin d'éviter ou de transformer le gouvernement de la démocratie, en acceptant son influence ou en régularisant son action.

Tout étant dit sur l'importance de la question, il y a trois solutions qui ont eu ou qui gardent des partisans. La première, c'est que, tout le danger n'ayant apparu que depuis la démolition de l'ancien régime, toute réaction fait reculer le danger, et moins elle est limitée, plus elle est efficace. Tout ce qui dément ou rétracte la révolution rétablit l'ordre et assure la conservation. La seconde solution, c'est que le pouvoir absolu, quand il ne met pas la démocratie au défi, et que même, en la réprimant violemment, il a l'air de ménager ses intérêts, ses vanités et ses faiblesses, la trouve gouvernable et facile. La troisième est d'abandonner la démocratie à elle-même et de la laisser produire ses volontés et exercer ses forces comme elle l'entendra. De ces trois solutions évidemment grossières, aucune n'est sûre et définitive, aucune n'est morale, car toutes cherchent le bien par le mal. Aucune, si elle réussissait, ne donnerait autre chose qu'un provisoire, car tout ce qui est absolu et par conséquent extrême est passager. De cette première vue semble résulter clairement la nécessité d'une solution moyenne. Constituer la démocratie, c'est la modérer.

Ce que Tocqueville n'a pas dit, je ne me risquerai pas à le dire, et la présomption serait grande d'affirmer là où tant d'autres ont douté. Qu'il nous suffise d'avoir désarmé le problème de quelques-unes des pointes menaçantes dont le hérissent l'imagination des forts et la terreur des faibles. Limiter le mal et diminuer la difficulté nous a paru utile ; guérir l'un ou vaincre l'autre, c'est autre chose, et la solution de l'avenir ne peut être légèrement donnée. Ce que nous pensons d'ailleurs, ce que nous croyons savoir n'est pas facile à dire : il n'est pas même toujours sûr de le faire autographier pour ses amis ; mais, quelle que soit la solution, une chose est certaine, aucune n'est possible, s'il ne s'établit quelque intelligence entre les diverses classes de la société, entre tous les éléments de cette grande démocratie. Tant que l'ignorance, la crainte ou la méfiance les sépareront, il n'y a rien à faire, et le premier soin à prendre, c'est de chercher à se connaître mutuellement. L'œuvre demande plus d'un effort, et avant de rien espérer il faut que le besoin d'un tel effort soit senti. Il n'y a point de vérité politique qui ait quelque valeur tant que les esprits ne sont pas disposés à l'accueillir, à la soutenir, ou tout au moins à la chercher. La disposition des esprits, quelle est-elle ? Tout est là. Voilà pourquoi il reste toujours à nous autres écrivains quelque chose à faire, puisque notre tâche ou plutôt notre ambition est d'agir sur les esprits. Si nous pouvons quelque chose, c'est cela. Efforçons-nous donc de les arracher à l'indolence, fruit de la lassitude et du découragement. Que la jeunesse surtout ait horreur d'une apathie intellectuelle qui ne convient qu'à l'impuissance. C'est à elle que je pensais sans cesse en lisant dans les lettres de Tocqueville les confidences émouvantes de ces agitations intérieures, de cette avidité de savoir et d'agir, ou seulement de cette noble tristesse qui n'est point débilitante, parce qu'elle est incapable de résignation et d'oubli. Que ne puis-je seulement l'éveiller dans les âmes, cette tristesse stoïque, *qui ne veut pas être consolée*, et qui tôt ou tard enfante les travaux sérieux, les louables efforts, les fortes résolutions ! Le bien est presque toujours difficile ; la première condition pour faire le bien, c'est de trouver le mal insupportable. Qui que vous soyez, si vous n'avez pas abjuré jusqu'à la dernière syllabe du symbole de la foi politique de vos pères, s'il vous reste quelque souci de la dignité des nations et des individus, ne détournez pas un moment vos yeux de l'histoire de leurs malheurs, ne vous distrayez pas du spectacle orageux des mouvements qui agitent l'humanité, n'assistez point passivement au cours des choses humaines comme à la marche des astres et des saisons, n'oubliez pas que le monde social est le royaume de la raison et de la volonté, et que le fatalisme de la mécanique céleste ne règne pas sur la terre. Rien n'arrive qui ne soit la suite de ce que des hommes ont ou pensé ou voulu, et abdiquer la pensée ou la volonté n'est encore qu'une manière de vouloir et de penser, la plus vile de toutes, et qui ne dégage d'aucune responsabilité. C'est donc une vaine prudence, une faiblesse inutile que de déposer tout soin des affaires humaines et de les abandonner à elles-mêmes, comme un mal sans remède ou une fatalité indifférente. On n'en sera pas plus à l'abri de l'atteinte des événements, et les oisifs ne sont pas épargnés par les révolutions. Reprenez donc sans peur la pensée interrompue et l'œuvre inachevée de vos pères, et, munis d'une nouvelle expérience, avertis par de nouveaux dangers, attaquez

Charles de Rémusat

avec courage tous les problèmes de l'avenir des sociétés. Faites-vous dans celle où le sort vous a placés une place indépendante des événements, en pénétrant avec intelligence et avec sympathie dans les sentiments qui l'animent et dans les pensées qui la guident, en formant avec elle ces liens de solidarité morale sans lesquels tous les avantages de l'éducation ou de la fortune excitent l'envie et ne donnent pas l'influence. Contemplez en un mot la démocratie, puisqu'on appelle ainsi la civilisation moderne, en songeant que vous devez y vivre, qu'elle est l'affaire de tout le monde, et que ses destins sont les vôtres.

ISBN : 978-1978462465